SARAH SCHOCKE, ALEXANDER DÖLLE

# EXPRESSKOCHEN LOW CARB

FOTOGRAFIE: KLAUS ARRAS, COCO LANG

# INHALT

*Öffnen Sie die Klappen dieses Buches.*
*Dort finden Sie die wichtigsten Infos zum Thema auf einen Blick!*

DAS PRINZIP:
LOW CARB

DIE PERFEKTE
KOMBI

Immer griffbereit:

SO GEHT'S:
BRATEN

Immer griffbereit:

SO GEHT'S:
GEMÜSE FIX
ZERKLEINERN

**GU CLOU**

Wussten Sie schon, dass …?
Entdecken Sie bei einigen ausgewählten Rezepten ganz besondere Tipps mit verblüffendem Insiderwissen.
Aha-Momente garantiert!

Mit diesem Symbol sind alle vegetarischen Gerichte gekennzeichnet.

Die Backzeiten können je nach Herd variieren. Unsere Temperaturangaben beziehen sich auf das Backen im Elektroherd mit Ober- und Unterhitze.

Sammeln Ihrer Lieblingsrezepte mit der »GU Kochen Plus«-App (siehe S. 64)

# REZEPTKAPITEL

# SARAH SCHOCKE & ALEXANDER DÖLLE

*Dass die Low-Carb-Küche nicht nur köstlich und abwechslungsreich sein kann, sondern sich auch ohne Stress in den Alltag integrieren lässt, zeigt dieses Buch. Hier finden Sie die besten schnellen Rezepte.*

## Macht ihr selbst auch Low Carb?

Eine proteinreiche, kohlenhydratarme Ernährung gehört zu unserem Leben dazu. Als Kochbuchautoren müssen wir häufig mehrere Gerichte am Tag zubereiten – je nach Aufgabenstellung essen wir daher oft sehr süß oder sehr fettig. Diese Phasen gleichen wir gerne mit Low-Carb-Mahlzeiten aus. Dabei hat jeder seine Vorlieben: Alex isst am liebsten saftig-würziges Fleisch am Abend, während sich Sarah auf ein herzhaftes Omelett zum Frühstück freut.

## Eignet sich die Low-Carb-Küche eigentlich auch für Vegetarier?

Auf jeden Fall. Viele denken bei Low Carb erst mal an Steaks, Schinken und Co. Aber auch Vegetarier kommen bei der proteinbetonten Ernährung voll auf ihre Kosten. Sarah isst schon seit vielen Jahren vegetarisch und weiß also, wie sie Tofu, Ei und Käse kohlenhydratarm optimal in Szene setzen kann. Sarahs Lieblingsgericht zum Dahinschmelzen: Ofenkäse mit Pekannüssen.

## Bei Low Carb Express geht es darum, möglichst fix lecker zu kochen. Wie spart man Zeit?

Das A und O ist eine gute Vorbereitung. Dazu gehören sowohl scharfe Messer als auch, sich alles vorab zurechtzulegen – so kann man schneller schneiden und hat keine unnötigen Wege. Außerdem kochen wir oft auf Vorrat. Wenn wir etwa gerade Gemüsenudeln durch den Spiralschneider drehen, bereiten wir einfach die doppelte Portion zu. Dann haben wir auch für den nächsten Tag ein schnelles Essen. Das klappt übrigens auch prima mit Blumenkohlreis.

# OFEN-FETA MIT 5 ZUTATEN

300 g Schafskäse (Feta) in eine kleine ofenfeste, mit Backpapier ausgelegte Form geben.

180 g Artischockenherzen aus dem Glas abgießen, vierteln und zugeben.

2 kleine Feigen waschen, putzen, in Scheiben schneiden und daraufgeben.

1 kleine rote Zwiebel schälen, in feine Ringe schneiden und obenauf verteilen.

Alles mit 2 EL Olivenöl beträufeln.

*Den Ofen-Feta 15 Min. im auf 240° vorgeheizten Ofen (Mitte) garen. Das Gericht reicht für 2 Personen.*

# SALATE & SUPPEN

*Für 2 Personen • 15 Min. Zubereitung • Pro Portion ca. 400 kcal, 18 g E, 27 g F, 20 g KH*

# ROTE-BETE-CARPACCIO MIT BASILIKUMÖL

ITALIENISCH

### FÜR DAS CARPACCIO
*20 g Pinienkerne*
*250 g vorgegarte Rote Bete*
*1 Frühlingszwiebel*
*100 g Parmaschinken*

### FÜR DAS BASILIKUMÖL
*8 Stängel Basilikum*
*2 ½ EL Olivenöl*
*1 ½ EL Zitronensaft*

### HALTBARKEITS-TIPP
Machen Sie doch gleich die doppelte oder dreifache Menge vom Kräuteröl. In ein sterilisiertes Schraubglas oder eine Glasflasche gefüllt, hält es sich im Kühlschrank 1–2 Wochen. Neben Carpaccio würzt es Gemüsenudeln und schmeckt zu Hähnchengerichten oder Salat.

CARPACCIO: Die Pinienkerne bei mittlerer Hitze in einer Pfanne ohne Fett in 4–5 Min. unter gelegentlichem Wenden goldbraun rösten.

Inzwischen die Rote Bete abtropfen lassen und auf dem Gemüsehobel in feine Scheiben hobeln (dazu am besten Einweghandschuhe tragen!). Dann die Scheiben auf zwei Tellern leicht überlappend kreisförmig verteilen, sodass sie den gesamten Teller bedecken.

Die Frühlingszwiebel waschen, putzen und schräg in feine Ringe schneiden. Den Parmaschinken grob zerzupfen und nach Belieben zu Röschen aufdrehen. Den Schinken auf der Roten Bete verteilen und das Carpaccio mit Frühlingszwiebel und Pinienkernen bestreuen.

BASILIKUMÖL: Das Basilikum waschen, trocken schütteln und die Blätter abzupfen. Basilikum, Öl und Zitronensaft in einem hohen Rührbecher mit dem Pürierstab glatt mixen. Das Basilikumöl über das Carpaccio träufeln.

*Für 2 Personen • 20 Min. Zubereitung • Pro Portion ca. 335 kcal, 8 g E, 31 g F, 7 g KH*

# BLUMENKOHL-AVOCADO-SALAT

EINFACH

*Salz*
*½ Blumenkohl (400 g)*
*1 Frühlingszwiebel*
*1 Avocado*
*10 Stängel Dill*
*10 Stängel Petersilie*
*100 g Schmand*
*1 TL mittelscharfer Senf*

**1** Einen Topf mit Salzwasser erhitzen. Den Blumenkohl waschen, putzen und in kleine Röschen teilen. Die Blumenkohlröschen je nach Größe halbieren oder vierteln, dann bei mittlerer Hitze offen 8–10 Min. köcheln lassen, bis sie bissfest sind.

**2** Inzwischen die Frühlingszwiebel waschen, putzen und in feine Ringe schneiden. Die Avocado halbieren und den Kern entfernen. Das Fruchtfleisch aus der Schale lösen und in 1 cm große Würfel schneiden. Dill und Petersilie abbrausen und trocken schütteln, die Spitzen und Blättchen abzupfen und fein hacken. Schmand mit Senf und ½ TL Salz in einer Schüssel glatt rühren. Die gehackten Kräuter und die Frühlingszwiebel unterheben.

**3** Den Blumenkohl in ein Sieb abgießen, abschrecken und abtropfen lassen. Dann mit den Avocadowürfeln zum Dressing geben und alles vorsichtig vermengen.

*Für 2 Personen • 25 Min. Zubereitung • Pro Portion ca. 350 kcal, 12 g E, 27 g F, 13 g KH*

# BOHNENSALAT MIT RADICCHIO

MEDITERRAN

*2 Eier*
*4 EL Olivenöl*
*250 g TK-grüne-Bohnen*
*8 Stängel Bohnenkraut (ersatzweise Thymian)*
*100 g Radicchio*
*200 g Kirschtomaten*
*1 Bio-Zitrone*
*Salz, Pfeffer*
*1 TL Agavendicksaft*

**1** Eier in einen Topf mit Wasser geben und in 10 Min. hart kochen. Inzwischen 1 EL Öl in einer Pfanne erhitzen und die Bohnen darin 5 Min. rundum anbraten. Eier abgießen und abschrecken.

**2** Bohnenkraut waschen und trocken schütteln. Die Blättchen hacken. Radicchio waschen, trocken schleudern und in Streifen schneiden. Tomaten waschen, trocken tupfen und halbieren. Die Zitrone heiß waschen, trocknen und ebenfalls halbieren. Von einer Hälfte die Schale abreiben, aus beiden Hälften den Saft auspressen.

**3** Bohnen mit Salz, Pfeffer, Bohnenkraut und Zitronenschale würzen. Zitronensaft mit dem restlichen Öl und Agavendicksaft zu einem Dressing verrühren und mit Salz und Pfeffer abschmecken.

**4** Eier pellen und vierteln. Radicchio, Bohnen und Tomaten auf zwei Teller verteilen und mit Dressing vermengen, die Eier daraufgeben.

*Für 2 Personen • 20 Min. Zubereitung • Pro Portion ca. 350 kcal, 32 g E, 20 g F, 9 g KH*

# ROTKOHL-SPINAT-SALAT MIT HÄHNCHEN

WINTER-REZEPT

## FÜR DAS HÄHNCHEN

*200 g Hähnchenbrustfilet*
*1 EL Rapsöl (ersatzweise Sonnenblumenöl)*
*Salz, Pfeffer*

## FÜR DEN SALAT

*100 g Rotkohl*
*50 g Baby-Blattspinat*
*50 g Erdnusskerne (geröstet und gesalzen)*

## FÜR DAS DRESSING

*75 g Joghurt*
*75 ml Orangensaft*
*Salz, Pfeffer*

HÄHNCHEN: Die Hähnchenbrust abbrausen und trocken tupfen. Das Öl in einer Pfanne erhitzen und die Hähnchenbrust darin 4–5 Min. pro Seite bei mittlerer Hitze braten.

SALAT: Inzwischen die äußeren Rotkohlblätter entfernen. Den Kohl waschen, trocken tupfen und auf dem Gemüsehobel in feine Streifen hobeln. Den Spinat waschen und trocken schleudern. Die Erdnüsse grob hacken.

DRESSING: Den Joghurt mit Orangensaft, ½ TL Salz und etwas Pfeffer in eine Schüssel geben und alles zu einem cremigen Dressing verrühren.

FERTIGSTELLEN: Die Hähnchenbrust salzen, pfeffern und in 5 mm dicke Scheiben schneiden. Rotkohl und Spinat mischen und auf zwei Teller verteilen. Die Hähnchenscheiben daraufgeben. Alles mit Dressing beträufeln und mit gehackten Erdnüssen bestreut servieren.

*Für 2 Personen • 15 Min. Zubereitung • Pro Portion ca. 475 kcal, 20 g E, 38 g F, 14 g KH*

# MELONEN-FETA-SALAT

## SOMMER-REZEPT

*1 Zucchino (200 g)*
*2 EL Olivenöl*
*2 EL Weißweinessig*
*Pfeffer*
*1 kleine rote Zwiebel*
*200 g Wassermelone (ohne Kerne)*
*50 g schwarze Oliven (entsteint)*
*200 g Schafskäse (z.B. Feta)*

**1** Den Zucchino waschen, putzen und mit einem Sparschäler längs in breite Streifen schneiden. Öl, Essig und Pfeffer in eine Schüssel geben und mit dem Schneebesen verquirlen. Die Zucchinistreifen zugeben und mit den Händen vorsichtig mit der Marinade mischen.

**2** Die Zwiebel schälen, halbieren und in feine Ringe schneiden. Die Wassermelone schälen und in Würfel schneiden. Die Oliven halbieren, den Feta zerbröseln.

**3** Zwiebelringe, Melonenwürfel und Olivenhälften behutsam mit den Zucchinistreifen vermengen und alles mit Feta bestreuen.

*Für 2 Personen • 15 Min. Zubereitung • Pro Portion ca. 515 kcal, 12 g E, 52 g F, 2 g KH*

# GEGRILLTE AVOCADO MIT THUNFISCH

SCHNELL

*2 Avocados*
*2 Stängel glatte Petersilie*
*80 g Thunfischfilet im eigenen Saft (aus der Dose)*
*20 g Kapern (aus dem Glas)*
*50 g Crème fraîche*
*Pfeffer*

**1** Die Avocados halbieren und entkernen. Das Fruchtfleisch mit einem Esslöffel vorsichtig im Ganzen aus der Schale lösen. Petersilie abbrausen, trocken schütteln und die Blättchen hacken.

**2** Den Thunfisch in ein Sieb geben und gut abtropfen lassen. Anschließend in eine Schüssel füllen und mithilfe von zwei Gabeln fein zerzupfen. Die Kapern ebenfalls in einem Sieb abtropfen lassen, dann (bis auf einen kleinen Rest) grob hacken und zum Thunfisch geben. Die Crème fraîche zufügen, alles gründlich vermischen und mit Pfeffer abschmecken.

**3** Die Avocadohälften in einer heißen Grillpfanne ohne Fett 4–5 Min. auf der Schnittseite grillen. Dabei leicht andrücken, damit sie ein Grillmuster bekommen. Die Avocados auf zwei Teller verteilen, die Thunfischcreme daraufgeben und alles mit den restlichen Kapern und der Petersilie bestreut servieren.

*Für 2 Personen • 25 Min. Zubereitung • Pro Portion ca. 250 kcal, 25 g E, 13 g F, 7 g KH*

# HÜHNERSUPPE

GLUTENFREI

*½ kleine Stange Lauch (75 g)*
*2 EL Rapsöl (ersatzweise Sonnenblumenöl)*
*200 g Hähnchengeschnetzeltes*
*400 ml Geflügelfond (aus dem Glas)*
*2 Möhren (150 g)*
*150 g TK-Brokkoli*
*Salz, Pfeffer*

**1** Den Lauch putzen, gründlich waschen, längs halbieren und in feine Ringe schneiden.

**2** Das Öl in einem Topf erhitzen und das Geschnetzelte darin 3 Min. bei starker Hitze unter gelegentlichem Wenden rundherum scharf anbraten, bis es leicht gebräunt ist. Dann den Lauch zufügen und 1 Min. mitbraten. Mit Geflügelfond ablöschen und alles aufkochen.

**3** Inzwischen die Möhren schälen, putzen und schräg in feine Scheiben schneiden. Mit dem Brokkoli und ½ TL Salz in die Suppe geben und alles ca. 10 Min. offen köcheln lassen. Die Suppe mit Salz und Pfeffer abschmecken und servieren.

*Für 2 Personen • 20 Min. Zubereitung • Pro Portion ca. 425 kcal, 17 g E, 35 g F, 9 g KH*

# TOMATEN-SELLERIE-SUPPE MIT FETA

GÜNSTIG

*100 g Sellerie*
*1 EL Olivenöl*
*1 Dose stückige Tomaten (400 g)*
*100 g Sahne*
*150 g Schafskäse (z.B. Feta)*
*Salz, Pfeffer*
*1 EL getr. italien. Kräuter*

**1** Den Sellerie schälen und fein würfeln. Olivenöl in einem Topf erhitzen und den Sellerie darin 2–3 Min. unter gelegentlichem Wenden bei starker Hitze anbraten. Die Tomaten zugeben und alles bei mittlerer Hitze 10 Min. offen köcheln lassen.

**2** Die Sahne und 100 g zerbröselten Feta zugeben und die Suppe mit einem Pürierstab fein pürieren. Mit Salz, Pfeffer und Kräutern abschmecken und die Suppe weitere 3 Min. köcheln lassen.

**3** Die Suppe auf zwei tiefe Teller verteilen, mit dem restlichen Schafskäse und nach Belieben ein paar frischen Kräutern bestreuen und sofort servieren.

*Für 2 Personen • 25 Min. Zubereitung • Pro Portion ca. 565 kcal, 10 g E, 55 g F, 6 g KH*

# PILZCREMESUPPE MIT KNUSPER-SPECK

HERBST-REZEPT

### FÜR DAS TOPPING

*4 Scheiben Frühstücksspeck (50 g)*
*5 Stängel glatte Petersilie*

### FÜR DIE SUPPE

*200 g Champignons*
*½ Stange Lauch (100 g)*
*40 g Butter*
*400 ml Gemüsebrühe*
*200 g Sahne*
*Pfeffer*

**GU CLOU**

Die Champignons werden beim Anbraten sehr dunkel und es dauert eine Weile, bis das Wasser austritt und wieder verdampft ist. Durch das lange Rösten werden die Pilze jedoch herrlich aromatisch.

TOPPING: Die Frühstücksspeckstreifen nebeneinander in einer Pfanne auslegen und bei mittlerer Hitze in 15–20 Min. kross braten. Am Ende aufpassen, dass der Speck nicht verbrennt. Dann die Speckstreifen auf Küchenpapier entfetten und trocknen. Die Petersilie abbrausen und trocken schütteln. Die Blättchen abzupfen und grob hacken.

SUPPE: Inzwischen die Champignons putzen und vierteln. In einem Topf ohne Fett bei mittlerer Hitze unter gelegentlichem Wenden dunkelbraun rösten, bis die ausgetretene Flüssigkeit wieder verdampft ist.

Den Lauch putzen, längs halbieren, gründlich waschen und in feine Ringe schneiden. Die Butter zu den Pilzen geben, dann den Lauch zufügen und 2–3 Min. mitdünsten. Die Brühe mit der Sahne in den Topf geben. Alles kurz aufkochen, dann mit dem Pürierstab fein pürieren.

FERTIGSTELLEN: Die Suppe mit Pfeffer abschmecken, auf zwei tiefe Teller verteilen, mit Speck und Petersilie garnieren und sofort servieren.

*Für 2 Personen • 15 Min. Zubereitung • Pro Portion ca. 370 kcal, 27 g E, 22 g F, 14 g KH*

# KALTE BUTTERMILCH-GURKEN-SUPPE

AUS DEM NORDEN

*½ Salatgurke (200 g)*
*1 Avocado*
*500 ml Buttermilch*
*1 TL TK-Dill*
*Salz, Pfeffer*
*1 Prise Zucker*
*150 g geräuchertes Forellenfilet*

**1** Die Gurke waschen, putzen und in grobe Stücke schneiden. Die Avocado halbieren und den Kern entfernen. Das Fruchtfleisch aus der Schale lösen und in Stücke schneiden.

**2** Beides mit der Buttermilch und dem Dill in einen Standmixer geben und auf höchster Stufe cremig pürieren. Mit Salz, Pfeffer und Zucker abschmecken und noch einmal durchmischen.

**3** Die Buttermilch-Gurken-Mischung auf zwei Teller verteilen. Den Fisch auseinanderzupfen, daraufgeben und die Suppe servieren.

**GUT ZU WISSEN**
Ohne Standmixer klappt es auch: Avocado und Gurke klein schneiden, mit den restlichen Zutaten in ein hohes Gefäß geben und mit dem Pürierstab fein mixen.

*Für 2 Personen • 20 Min. Zubereitung • Pro Portion ca. 215 kcal, 11 g E, 14 g F, 11 g KH*

# ASIATISCHE SUPPE MIT TOFU

KALORIENARM

*600 ml Gemüsebrühe*
*1 Knoblauchzehe*
*1 Stück Ingwer (2 cm)*
*1 rote Paprika (200 g)*
*½ kleine Stange Lauch (75 g)*
*2 Mangoldblätter (75 g)*
*300 g Seidentofu*
*2 EL Fischsauce*
*2 EL Sesamöl*

**1** Die Brühe in einem Topf bei starker Hitze einmal aufkochen. Inzwischen Knoblauch und Ingwer schälen und in feine Scheiben hobeln. 5 Min. in der heißen Brühe bei mittlerer Hitze offen köcheln.

**2** Paprika waschen, halbieren, weiße Trennwände und Kerne entfernen und die Hälften in feine Streifen schneiden. Lauch putzen, längs halbieren, gründlich waschen und in feine Ringe schneiden. Mangold waschen, die dicke Mittelrippe heraustrennen und klein würfeln. Blätter in Streifen schneiden. Paprika, Lauch und Mangoldwürfel in die Brühe geben, den Herd ausschalten und die Suppe 3 Min. mit geschlossenem Deckel ziehen lassen.

**3** Tofu abgießen und 1 cm groß würfeln. Fischsauce und Öl in die Suppe rühren. Den Tofu zugeben und in 1 Min. ohne Rühren warm werden lassen. Die Suppe auf zwei Teller verteilen und mit Mangoldstreifen bestreut servieren.

### TAUSCH-TIPP

Außerhalb der Mangold-Saison schmeckt die Suppe auch mit anderem Gemüse wie Spinat oder Pak Choi.

# FLEISCH, FISCH & GEFLÜGEL

*Für 2 Personen • 25 Min. Zubereitung • Pro Portion ca. 470 kcal, 50 g E, 29 g F, 4 g KH*

# STEAKPFANNE MIT PAK CHOI UND SPIEGELEI

GLUTENFREI

### FÜR DAS FLEISCH

*2 Rindersteaks (à 200 g, z. B. Entrecôte)*
*1 TL Butterschmalz*

### FÜR GEMÜSE UND EI

*300 g Pak Choi*
*2 Frühlingszwiebeln*
*½ rote Chilischote*
*1 EL Olivenöl*
*Salz, Pfeffer*
*2 Eier (L)*

### GUT ZU WISSEN

Nach 3 Min. Stocken ist das Eigelb sehr flüssig und das Eiweiß weich. Fester wird beides nach 6 Min. Stocken. Dem Pak Choi macht das nichts aus, er bleibt trotzdem schön fest.

VORBEREITEN: Die Steaks aus dem Kühlschrank nehmen, trocken tupfen und Zimmertemperatur annehmen lassen. Den Pak Choi waschen und längs vierteln. Die Frühlingszwiebeln waschen, putzen und in feine Ringe schneiden. Die Chilischote waschen, halbieren, die Kerne entfernen und die Hälften in feine Ringe schneiden.

FLEISCH: Das Butterschmalz in einer beschichteten Pfanne erhitzen. Die Steaks darin bei starker Hitze 3–4 Min. anbraten, dann wenden und nochmals 3–4 Min. braten. Steaks in Alufolie einschlagen und auf einem Teller ruhen lassen.

GEMÜSE UND EI: Das Olivenöl in die Pfanne geben und den Pak Choi darin 5 Min. unter gelegentlichem Wenden mit einer Zange bei starker Hitze scharf anbraten, dann mit Salz und Pfeffer würzen. Die Frühlingszwiebeln (bis auf ein paar zum Dekorieren) zugeben und 1 Min. mitbraten. Die Eier auf dem Pak Choi aufschlagen. Die Temperatur auf mittlere Stufe reduzieren, den Deckel auflegen und die Eier in 3 Min. stocken lassen. Anschließend den Herd ausschalten.

FERTIGSTELLEN: Die Steaks aus der Alufolie nehmen und zwischen die Eier auf den Pak Choi legen. Alles salzen, pfeffern, mit Chiliringen und restlichen Frühlingszwiebeln bestreuen und in der Pfanne servieren.

*Für 2 Personen • 25 Min. Zubereitung • Pro Portion ca. 415 kcal, 28 g E, 29 g F, 10 g KH*

# PAPRIKA MIT BOHNEN-SPECK-FÜLLUNG

GÜNSTIG

*2 rote Spitzpaprika*
*80 g Kidneybohnen (Abtropfgewicht)*
*8 Scheiben Frühstücksspeck (100 g)*
*2 Stängel Petersilie*
*2 Eier*
*3 Msp. Chilipulver*
*80 g geriebener Emmentaler*

**1** Den Backofen auf 230° vorheizen. Die Paprika waschen, halbieren und die weißen Trennwände und Kerne entfernen. Die Stielansätze intakt lassen. Die Bohnen in ein Sieb abgießen, abbrausen und abtropfen lassen. Den Frühstücksspeck klein zupfen. Die Petersilie abbrausen und trocken schütteln. Die Blättchen abzupfen und hacken.

**2** Eine Auflaufform mit Backpapier auslegen und die Paprikahälften mit der Hautseite nach unten hineinlegen.

**3** Bohnen und Speck auf die Paprikahälften verteilen. Die Eier in einen hohen Rührbecher aufschlagen, mit Chili würzen und mit dem Schneebesen verquirlen. Die Masse über die Bohnenmischung geben und die Paprikahälften mit Käse bestreuen. Im Ofen (Mitte) in 12–15 Min. goldbraun backen. Mit Petersilie garniert servieren.

*Für 2 Personen • 25 Min. Zubereitung • Pro Portion ca. 615 kcal, 40 g E, 46 g F, 7 g KH*

# GEMÜSE-HACK-PFANNE

KLASSIKER

*1 Zwiebel*
*1 rote Paprika (200 g)*
*200 g Kirschtomaten*
*2 EL Olivenöl*
*250 g Rinderhackfleisch*
*Salz, Pfeffer*
*2 EL Aceto balsamico*
*100 g geriebener Cheddar*
*1 Frühlingszwiebel*

**1** Die Zwiebel schälen und fein würfeln. Die Paprika waschen, halbieren, weiße Trennwände und Kerne entfernen und die Hälften in 1 cm große Würfel schneiden. Die Tomaten waschen und halbieren.

**2** Öl in einer Pfanne erhitzen und die Zwiebel darin bei starker Hitze in 1 Min. glasig dünsten. Hack zugeben und unter gelegentlichem Wenden 4 Min. scharf anbraten, bis es leicht bräunt. Paprika und Tomaten zufügen, alles mit 1 TL Salz und etwas Pfeffer würzen, gut verrühren und mit Balsamico ablöschen. Den Deckel auflegen und die Hackpfanne 10 Min. bei mittlerer Hitze schmoren, dabei gelegentlich umrühren. 2 Min. vor Ende der Garzeit den Cheddar aufstreuen. Den Deckel wieder auflegen, bis der Käse geschmolzen ist.

**3** Inzwischen die Frühlingszwiebel waschen, putzen und in Ringe schneiden. Die Hackpfanne mit Frühlingszwiebel bestreut servieren.

*Für 2 Personen • 20 Min. Zubereitung • Pro Portion ca. 485 kcal, 47 g E, 27 g F, 10 g KH*

# PARMESAN-SCHNITZEL AUF TOMATEN-RUCOLA-SALAT

ITALIENISCH

### FÜR DIE SCHNITZEL

*4 Minutensteaks vom Schwein (300 g)*
*25 g Mehl*
*1 Ei (L)*
*40 g geriebener Parmesan*
*1 EL Olivenöl*
*Salz, Pfeffer*

### FÜR DAS GEMÜSE

*1 rote Zwiebel*
*60 g Rucola*
*300 g Kirschtomaten*
*1 EL Olivenöl*
*2 EL Aceto balsamico*
*Salz, Pfeffer*

VORBEREITEN: Die Minutensteaks aus dem Kühlschrank nehmen, gut trocken tupfen und Zimmertemperatur annehmen lassen. Inzwischen das Mehl in einen tiefen Teller geben. Ei und Parmesan in einen zweiten tiefen Teller geben und gründlich miteinander verquirlen.

GEMÜSE: Die Zwiebel schälen, halbieren und in Ringe schneiden. Rucola waschen, trocken schleudern und grob zerzupfen. Tomaten waschen und trocken tupfen. Das Öl in einem Topf erhitzen, Tomaten zugeben und bei starker Hitze unter gelegentlichem Rühren 3 Min. scharf anbraten. Zwiebelringe zugeben und bei mittlerer Temperatur 2–3 Min. schmoren. Das Gemüse mit Aceto balsamico ablöschen, salzen und pfeffern und bei schwacher Hitze warm halten.

SCHNITZEL: Die Minutensteaks erst im Mehl, dann in der Ei-Parmesan-Mischung gründlich wenden, sodass sie von der Panade komplett ummantelt sind. Das Öl in einer beschichteten Pfanne erhitzen und die Schnitzel darin bei mittlerer Hitze ca. 3 Min. pro Seite braten.

FERTIGSTELLEN: Den Rucola auf zwei Teller verteilen und die Tomaten-Zwiebel-Mischung daraufgeben. Je zwei Schnitzel daneben anrichten, salzen, pfeffern und servieren.

*Für 2 Personen • 30 Min. Zubereitung • Pro Portion ca. 435 kcal, 43 g E, 25 g F, 8 g KH*

# GORGONZOLA-ROASTBEEF-ROLLS

GUT VORZUBEREITEN

*60 g Rucola*
*1 kleine Stange Staudensellerie ohne Grün (100 g)*
*1 Frühlingszwiebel*
*1 kleiner Apfel (100 g)*
*1 EL Rapsöl*
*1 EL Apfelessig*
*Salz*
*100 g Gorgonzola*
*200 g Magerquark*
*8 Scheiben gegartes Roastbeef (ca. 180 g)*

**1** Den Rucola waschen und trocken schleudern. Sellerie und Frühlingszwiebel waschen, putzen und in feine Würfel bzw. Ringe schneiden. Den Apfel waschen, trocken tupfen, vierteln, entkernen und ebenfalls in Würfel schneiden. Sellerie, Frühlingszwiebel und Apfel mit Öl, Essig und ¼ TL Salz gründlich vermischen.

**2** Den Gorgonzola grob zerkleinern, mit Quark und ¼ TL Salz in eine Schüssel geben und mit einer Gabel zerdrücken. Alles zu einer glatten Creme verrühren.

**3** Die Roastbeefscheiben mit etwas Abstand auf der Arbeitsfläche auslegen, mit je 1 TL Gorgonzola-Creme bestreichen, etwas Rucola quer auf das untere Ende legen und von unten eng aufrollen. Eventuell mit einem Zahnstocher fixieren. Den Apfel-Sellerie-Salat auf zwei Teller verteilen und die Roastbeef-Rolls dazu servieren.

*Für 2 Personen • 25 Min. Zubereitung • Pro Portion ca. 610 kcal, 17 g E, 57 g F, 6 g KH*

# BLUMENKOHL-WÜRSTCHEN-PFANNE

EINFACH

*½ Blumenkohl (400 g)*
*50 g Butter*
*1 grüne Paprika (200 g)*
*200 ml Gemüsebrühe (ersatzweise Fleischbrühe)*
*250 g grobe Bratwürstchen*
*Salz*

**1** Blumenkohl waschen, in Röschen teilen und diese längs halbieren. Eine beschichtete Pfanne dick mit Butter ausstreichen und den Kohl hineindrücken. Paprika waschen, halbieren, weiße Trennwände und Kerne entfernen und die Hälften in feine Ringe schneiden. Die Paprikaringe auf dem Blumenkohl verteilen und die Brühe zugießen.

**2** Die Pfanne mit geschlossenem Deckel bei voller Hitze aufkochen. Dann den Deckel leicht schräg auflegen. Nach 8–10 Min. ist das Wasser verdampft und der Kohl beginnt zu rösten. Gut aufpassen, dass er nicht anbrennt, deshalb regelmäßig umrühren.

**3** Inzwischen die Bratwürstchen in 1 ½ cm breite Stücke schneiden. Diese in die Pfanne geben, sobald das Wasser verdampft ist. Die Bratwürstchen 5 Min. bei mittlerer Hitze unter gelegentlichem Wenden anbraten. Die Blumenkohl-Würstchen-Pfanne mit Salz abschmecken und heiß servieren.

*Für 2 Personen • 25 Min. Zubereitung • Pro Portion ca. 400 kcal, 47 g E, 18 g F, 12 g KH*

# GEBRATENER CHINAKOHL MIT PUTE

ASIATISCH

### FÜR KOHL UND PUTE

*20 g heller Sesam*
*1 kleiner Chinakohl (400 g)*
*300 g TK-Brokkoli*
*2 EL Rapsöl (ersatzweise Sonnenblumenöl)*
*300 g Putengeschnetzeltes*

### FÜR DIE MARINADE

*½ Zitrone*
*1 Knoblauchzehe*
*1 Stück Ingwer (2 cm)*
*2 EL Sojasauce*

PUTE UND KOHL: Den Sesam in einem Wok ohne Fett bei mittlerer Hitze unter gelegentlichem Rühren 5 Min. anrösten, anschließend in eine Schüssel geben. Inzwischen die äußeren Blätter vom Chinakohl abtrennen. Den Kohl längs halbieren, gründlich waschen, vom Strunk befreien und quer in 5 mm breite Streifen schneiden. Die Brokkoliröschen je nach Größe halbieren oder vierteln.

MARINADE: Die Zitronenhälfte auspressen. Den Knoblauch schälen und durch die Presse drücken. Den Ingwer schälen und fein reiben. Zitronensaft, Knoblauch und Ingwer mit der Sojasauce in eine Schüssel geben und verrühren.

FERTIGSTELLEN: Das Öl im Wok erhitzen und das Putengeschnetzelte bei starker Hitze unter gelegentlichem Rühren 4 Min. scharf anbraten, bis das Fleisch gebräunt ist. Den Brokkoli zugeben und alles 3 weitere Min. braten, dann den Chinakohl für 2 Min. mitbraten. Den Wok immer wieder schwenken. Anschließend die Marinade unterrühren.

SERVIEREN: Das Putengeschnetzelte mit Chinakohl und Brokkoli auf zwei Teller verteilen und mit dem gerösteten Sesam bestreut servieren.

*Für 2 Personen • 25 Min. Zubereitung • Pro Portion ca. 525 kcal, 62 g E, 25 g F, 11 g KH*

# BLUMENKOHLREIS MIT HÄHNCHEN

GLUTENFREI

*1 kleine rote Zwiebel*
*½ Blumenkohl (400 g)*
*3 EL Olivenöl*
*1 Dose stückige Tomaten (400 g)*
*1 TL getr. Rosmarin*
*Salz*
*400 g Hähnchenbrustfilets*
*Pfeffer*
*75 g geriebener Gouda*

**1** Die Zwiebel schälen und fein würfeln. Den Blumenkohl waschen, die Röschen grob klein schneiden, dann portionsweise im Blitzhacker auf Reiskorngröße zerkleinern.

**2** 2 EL Öl in einem Topf erhitzen und die Zwiebel darin in 2 Min. bei mittlerer Hitze glasig dünsten. Blumenkohl zugeben, 1 Min. mitbraten und mit den Tomaten ablöschen. Alles mit Rosmarin und ½ TL Salz würzen und offen 10–12 Min. köcheln lassen.

**3** Das restliche Öl in einer Pfanne erhitzen. Die Hähnchenbrustfilets trocken tupfen und bei mittlerer Hitze in 4–5 Min. pro Seite braun braten. Mit Salz und Pfeffer würzen, dann in Scheiben schneiden.

**4** Blumenkohlreis mit Gouda mischen und mit Pfeffer abschmecken. Auf zwei Teller verteilen und mit der Hähnchenbrust servieren.

*Für 2 Personen • 30 Min. Zubereitung • Pro Portion ca. 450 kcal, 41 g E, 29 g F, 5 g KH*

# PUTENBRUST MIT OLIVENKRUSTE

MEDITERRAN

*1 Zucchino (200 g)*
*1 EL Olivenöl*
*250 g Putenbrustfilet*
*½ Bio-Zitrone*
*1 Schalotte*
*100 g Schafskäse (Feta)*
*75 g schwarze Oliven (entsteint)*
*Pfeffer*

**TAUSCH-TIPP**
Fisch-Fans können statt Putenbrust auch Zanderfilet nehmen. Dann die Backzeit ggf. etwas verkürzen.

**1** Den Backofen auf 240° vorheizen. Den Zucchino waschen, putzen und schräg in 5 mm dicke Scheiben schneiden.

**2** Eine Auflaufform mit Backpapier auslegen, die Zucchinischeiben fächerförmig hineinlegen und mit Olivenöl bepinseln. Die Putenbrust waschen, trocken tupfen und mittig darauflegen.

**3** Die Zitronenhälfte heiß waschen, trocknen und die Schale fein abreiben. Die Schalotte schälen und vierteln. Schafskäse, Schalotte, Oliven und Zitronenabrieb im Blitzhacker fein hacken. Die Masse auf der Putenbrust verstreichen und das Fleisch im Ofen (Mitte) 20 Min. braten, bis es gar und die Kruste gebräunt ist.

**4** Das Fleisch halbieren und mit den Zucchinischeiben auf zwei Teller verteilen. Alles mit Pfeffer bestreuen und servieren.

*Für 2 Personen • 25 Min. Zubereitung • Pro Portion ca. 640 kcal, 50 g E, 39 g F, 15 g KH*

# CURRY-SAUERKRAUT MIT KOKOS-HÄHNCHEN-NUGGETS

EXOTISCH

### FÜR DAS SAUERKRAUT

*1 Glas Sauerkraut (650 g Abtropfgewicht)*
*1 rote Paprika (200 g)*
*200 g Kokosmilch*
*1 TL rote Currypaste*
*Salz*

### FÜR DIE HÄHNCHEN-NUGGETS

*300 g Hähnchenbrustfilets*
*1 ½ EL Mehl*
*2 Eier*
*60 g Kokosraspel*
*Salz*
*2 EL Rapsöl (ersatzweise Sonnenblumenöl)*

SAUERKRAUT: Das Sauerkraut in ein Sieb geben und abtropfen lassen, dabei leicht ausdrücken. Paprika waschen, halbieren, weiße Trennwände und Kerne entfernen und die Hälften in feine Streifen schneiden.

HÄHNCHEN-NUGGETS: Die Hähnchenbrustfilets waschen, trocken tupfen und in 3–4 cm große Stücke schneiden. Mehl, Eier und Kokosraspel separat auf tiefe Teller verteilen. Die Eier mit etwas Salz verquirlen. Die Hähnchenstücke erst im Mehl wälzen, dann durch das Ei ziehen und anschließend rundherum mit Kokosraspeln panieren.

FERTIGSTELLEN: Kokosmilch, Currypaste und ½ TL Salz in einen Topf geben, aufkochen und gut verrühren. Dann das Sauerkraut und die Paprikastreifen zugeben und bei kleiner Hitze und geschlossenem Deckel köcheln lassen.

Inzwischen das Öl in einer Pfanne erhitzen und die Hähnchenstücke darin von beiden Seiten in 4–5 Min. bei mittlerer Hitze knusprig braun braten.

SERVIEREN: Das Sauerkraut gut durchrühren, auf zwei Schalen verteilen und mit den Hähnchen-Nuggets servieren.

*Für 2 Personen • 25 Min. Zubereitung • Pro Portion ca. 450 kcal, 30 g E, 32 g F, 10 g KH*

# LACHS AUF GURKEN-APFEL-SALAT

## SOMMER-REZEPT

*300 g Lachsfilet mit Haut*
*2 kleine säuerliche Äpfel (200 g)*
*½ Salatgurke (200 g)*
*1 Zweig Minze*
*1 kleine rote Zwiebel*
*2 EL Olivenöl*
*2 EL Apfelessig*
*Salz, Pfeffer*

### AUSSERDEM

*Apfelausstecher*

**1** Den Lachs in zwei gleich große Stücke schneiden. Die Äpfel und die Gurkenhälfte waschen. Die Äpfel im Ganzen mit dem Apfelausstecher entkernen und wie die Gurke auf dem Gemüsehobel in feine Scheiben hobeln. Apfel- und Gurkenscheiben abwechselnd fächerförmig auf zwei Teller schichten. Minze waschen und trocken schütteln. Die Blättchen in feine Streifen schneiden. Die Zwiebel schälen, halbieren und in feine Ringe schneiden.

**2** Je 1 EL Öl in zwei Pfannen erhitzen. Das Lachsfilet (mit der Hautseite zuerst) je nach Dicke 3–4 Min. pro Seite bei mittlerer Hitze braten. Die Zwiebel in der zweiten Pfanne 1–2 Min. bei mittlerer Hitze anschwitzen, mit Apfelessig ablöschen und mit Salz und Pfeffer abschmecken. Die Zwiebelringe auf der Gurken-Apfel-Mischung verteilen. Je ein Lachsfilet darauflegen, salzen, pfeffern und mit der Minze bestreut servieren.

*Für 2 Personen • 25 Min. Zubereitung • 2 Std. Auftauen • Pro Portion ca. 480 kcal, 31 g E, 36 g F, 8 g KH*

# ZOODLES MIT GARNELEN

GLUTENFREI

*250 g küchenfertige TK-Garnelen*
*2 Zucchini (400 g)*
*½ kleine Stange Lauch (75 g)*
*2 Knoblauchzehen*
*2 EL Olivenöl*
*100 g Sahne*
*60 g geriebener Parmesan*
*Salz, Pfeffer*

AUSSERDEM
*Spiralschneider*

**1** Die Garnelen in ein Sieb geben, mit kaltem Wasser abbrausen und 2 Std. bei Zimmertemperatur oder alternativ über Nacht im Kühlschrank auftauen lassen.

**2** Zucchini waschen, putzen und mit einem Spiralschneider zu »Spaghetti« schneiden. Den Lauch putzen, längs halbieren, gründlich waschen und in feine Ringe schneiden. Den Knoblauch schälen und in feine Scheiben hobeln. Die Garnelen trocken tupfen.

**3** Das Öl in einer Pfanne erhitzen und die Garnelen darin 1 Min. scharf anbraten, dann Lauch und Knoblauch zugeben und 2 Min. mitbraten. Zucchini zufügen und weitere 2 Min. unter Wenden mitbraten. Alles mit Sahne ablöschen und einmal aufkochen. Den Parmesan unterrühren und die Zoodles mit Salz und Pfeffer abschmecken. Auf Teller verteilen und servieren.

1

2

3

# POKÉ BOWL MIT BLUMENKOHLREIS

GUT VORZUBEREITEN

4

5

6

*Für 2 Personen • 30 Min. Zubereitung • Pro Portion ca. 505 kcal, 40 g E, 31 g F, 16 g KH*

### FÜR DEN BLUMENKOHLREIS

*½ Blumenkohl (400 g)*
*Salz*

### FÜR DAS TOPPING

*300 g Lachsfilet (in Sushi-Qualität)*
*1 EL geröstetes Sesamöl*
*1 kleiner Zucchino (ca. 150 g)*
*⅓ Salatgurke (ca. 150 g)*
*2 EL Sojasauce*
*60 g Radieschen*

### FÜR DIE SAUCE

*2 Knoblauchzehen*
*200 g Joghurt*
*Salz*

**BLUMENKOHLREIS:** Den Blumenkohl waschen und die Röschen grob klein schneiden. Dann portionsweise im Blitzhacker auf Reiskorngröße zerkleinern (Bild 1). Den Blumenkohlreis in ein Metallsieb geben.

Einen Topf zu einem Drittel mit Wasser befüllen und dieses aufkochen. 1 TL Salz zugeben, das Sieb darüberhängen und einen Deckel auflegen (Bild 2). Den Blumenkohl bei mittlerer Hitze in 8–9 Min. bissfest dämpfen.

**TOPPING:** Inzwischen den Lachs waschen und trocken tupfen. In 1 cm große Würfel schneiden und in einer Schüssel mit dem Sesamöl mischen (Bild 3). Zucchino und Gurke waschen, putzen und mit dem Sparschäler längs in Streifen schneiden. Die Gemüsestreifen mit der Sojasauce in einer zweiten Schüssel vermengen (Bild 4). Radieschen waschen, putzen und je nach Größe vierteln oder achteln.

**SAUCE:** Den Knoblauch schälen, durch die Presse drücken und mit dem Joghurt mischen (Bild 5). Mit Salz abschmecken.

**ANRICHTEN:** Den Blumenkohlreis auf zwei tiefe Teller verteilen, Zucchino, Gurke und Radieschen darauf anrichten. Den Fisch dazugeben und mit der Sauce servieren (Bild 6).

### GU CLOU

Ihnen sind Radieschen zu scharf? Einfach halbieren und in einer Pfanne in etwas Öl auf der Schnittseite anbraten. Das gibt schöne Röstaromen und die Schärfe verschwindet.

# KÄSE, EI & TOFU

*Für 2 Personen • 15 Min. Zubereitung • Pro Portion ca. 465 kcal, 24 g E, 39 g F, 4 g KH*

# PORTOBELLO-BURGER

SCHNELL

### FÜR DIE BUNS

*4 Portobellopilze (ersatzweise Riesenchampignons)*
*1 EL Olivenöl*

### FÜR DIE FÜLLUNG

*200 g Halloumi*
*1 EL Olivenöl*
*2 Blätter Lollo bianco*
*60 g gegrillte Paprika in Öl (aus dem Glas)*

### FÜR DIE SAUCE

*1 Knoblauchzehe*
*50 g Joghurt*
*Salz, Pfeffer*

### GETRÄNKE-TIPP

Zum Burger passt klassischerweise Limonade. Für Low-Carb-Limo 1 Zitrone waschen, vierteln, etwas andrücken und mit 1 Rosmarinzweig in eine Karaffe geben. Mit Mineralwasser auffüllen.

BUNS: Die Pilze putzen, die Stiele entfernen. Eine Pfanne stark erhitzen und die Pilze darin für 3 Min. ohne Fett auf der Außenseite anbraten. Anschließend die Pilze wenden, die Temperatur etwas reduzieren und die Pilze mit dem Olivenöl 1 weitere Min. auf der anderen Seite braten.

FÜLLUNG: Inzwischen den Halloumi quer halbieren. Das Öl in einer zweiten Pfanne erhitzen und den Käse darin in 3–4 Min. pro Seite bei mittlerer Hitze knusprig braun braten. Währenddessen die Salatblätter waschen und trocken schütteln. Die gegrillte Paprika abtropfen lassen.

SAUCE: Die Knoblauchzehe schälen, durch die Presse drücken und mit dem Joghurt verrühren. Die Sauce mit Salz und Pfeffer kräftig abschmecken.

FERTIGSTELLEN: Zwei Pilzhälften mit gegrillter Paprika belegen und mit Joghurtsauce beträufeln. Die Salatblätter und den gebratenen Halloumi darauflegen. Die übrigen Pilzhälften obenauf setzen und die Burger heiß servieren.

*Für 2 Personen • 30 Min. Zubereitung • Pro Portion ca. 470 kcal, 27 g E, 38 g F, 6 g KH*

# RÖST-BLUMENKOHL MIT TOMATEN

EINFACH

*1 kleiner Blumenkohl (650 g)*
*3 EL Olivenöl*
*Salz*
*1 TL getr. Oregano (ersatzweise 4 Stängel Oregano)*
*150 g Kirschtomaten*
*200 g Ziegenkäserolle*
*Pfeffer*

**1** Den Backofen auf 240° vorheizen. Den Blumenkohl waschen, in große Röschen teilen und diese längs halbieren. Die halbierten Röschen auf ein mit Backpapier ausgelegtes Backblech legen. Olivenöl, ½ TL Salz und Oregano mischen und den Blumenkohl damit bestreichen. Das Blech in den heißen Ofen (Mitte) schieben und die Blumenkohlröschen 20 Min. rösten. Nach 10 Min. einmal wenden.

**2** Inzwischen die Tomaten waschen und trocken tupfen. Den Ziegenkäse in 5 mm dicke Scheiben schneiden. Nach 20 Min. Backzeit die Tomaten zwischen den Blumenkohlscheiben verteilen. Diese mit Ziegenkäse belegen und alles für weitere 5 Min. in den Ofen geben.

**3** Blumenkohl, Ziegenkäse und Tomaten auf zwei Teller verteilen und mit Pfeffer bestreut servieren.

*Für 2 Personen • 25 Min. Zubereitung • Pro Portion ca. 785 kcal, 28 g E, 66 g F, 25 g KH*

# OFENKÄSE MIT PEKANNÜSSEN

HERBST-REZEPT

*½ kleiner Hokkaido-Kürbis (300 g)*
*1 EL Olivenöl*
*320 g Ofenkäse in der Holzschachtel (ersatzweise Camembert)*
*1 Zweig Rosmarin*
*25 g Pekannusskerne*
*Salz, Pfeffer*

**1** Den Ofen auf 220° vorheizen. Den Kürbis waschen, halbieren, entkernen und in 1 cm breite Ringe schneiden. Diese nochmals quer halbieren, mit dem Öl in eine Schüssel geben und gründlich vermengen. Kürbisstücke auf einem mit Backpapier belegten Backblech verteilen, den Käse aus der Packung nehmen und in der Holzschachtel mit auf das Blech stellen. Im Ofen (Mitte) 10 Min. backen.

**2** Inzwischen den Rosmarin waschen und trocken schütteln, die Nadeln abzupfen und fein hacken. Die Nüsse ebenfalls klein hacken. Nach 10 Min. den Käse kreuzweise einschneiden und die Ecken nach außen klappen. Nüsse und Rosmarin in die Mitte des Käses geben. Kürbis und Käse im Ofen (oben) in weiteren 10 Min. fertig backen. Die Kürbisstücke salzen und pfeffern und zum Käse servieren.

*Für 2 Personen • 20 Min. Zubereitung • Pro Portion ca. 425 kcal, 30 g E, 32 g F, 4 g KH*

# LOW-CARB-PIZZA AUS DER PFANNE

KLASSIKER

## FÜR DEN BODEN

*200 g geriebener Emmentaler*

## FÜR DEN BELAG

*50 g Kirschtomaten*
*1 kleine Handvoll Baby-Blattspinat (25 g)*
*50 g eingelegte Peperoni (aus dem Glas)*
*½ kleine rote Zwiebel*
*1 TL getr. italien. Kräuter*

**TAUSCH-TIPP**
Weitere tolle Pizza-Kombis sind: Kapern, Zwiebeln, Anchovis oder Salami, Rucola oder Zucchini, schwarze Oliven, getrocknete Tomaten.

BODEN: Eine Pfanne auf mittlere Hitze vorheizen. Einen Bogen Backpapier auf Pfannenbodengröße zuschneiden und in die Pfanne legen. 150 g geriebenen Emmentaler gleichmäßig in der Pfanne verteilen und 10–12 Min. backen, bis der Käse schmilzt und am Boden bräunt.

BELAG: Inzwischen die Tomaten waschen, trocken tupfen und mit einem scharfen Messer in dünne Scheiben schneiden. Den Spinat waschen, trocken schütteln und grob hacken. Peperoni abtropfen lassen und in Ringe schneiden. Die Zwiebelhälfte schälen und ebenfalls in feine Ringe schneiden.

FERTIGSTELLEN: Die Kräuter auf den Käseboden in der Pfanne streuen. Dann Tomatenscheiben, Zwiebelringe, Spinat (bis auf einen kleinen Rest) und Peperoni darauf verteilen und alles mit dem restlichen Käse bestreuen. Einen Deckel auflegen und die Pizza ca. 8 Min. weitergaren. Zum Servieren den restlichen Spinat über die Pizza streuen.

*Für 2 Personen • 15 Min. Zubereitung • Pro Portion ca. 330 kcal, 14 g E, 27 g F, 7 g KH*

# ZITRONENFENCHEL MIT EI UND KRÄUTERSCHMAND

SCHNELL

### FÜR EIER UND FENCHEL

*3 Eier*
*300 g Fenchel*
*½ Bio-Zitrone*
*1 EL Olivenöl*
*Salz*

### FÜR DIE SAUCE

*100 g Schmand*
*25 g TK-Gartenkräuter (ersatzweise ½ Bund Dill oder Thymian)*
*Salz, Pfeffer*

EIER UND FENCHEL: Die Eier in einen Topf mit Wasser geben, aufkochen und in 10 Min. hart kochen. Inzwischen den Fenchel waschen, putzen und auf dem Gemüsehobel längs in Streifen hobeln. Die Zitronenhälfte heiß waschen, trocknen, die Schale fein abreiben und den Saft auspressen. Zitronenschale für die Sauce beiseitelegen.

Das Olivenöl in einer Pfanne erhitzen, den Fenchel darin 2 Min. unter Wenden anbraten. Zitronensaft und ½ TL Salz zugeben und das Gemüse mit geschlossenem Deckel in 5 Min. bei mittlerer Hitze bissfest garen.

SAUCE: Den Schmand mit Kräutern und Zitronenschale in eine Schüssel geben. Alles gründlich verrühren und mit Salz und Pfeffer abschmecken.

ANRICHTEN: Die Eier pellen und längs vierteln. Das Fenchelgemüse auf zwei Teller verteilen, die geviertelten Eier daraufgeben und mit Kräuterschmand beträufelt servieren.

*Für 2 Personen • 20 Min. Zubereitung • Pro Portion ca. 250 kcal, 13 g E, 17 g F, 13 g KH*

# KOHLRABI-EIERNUDELN

## ASIATISCH

*600 g junger Kohlrabi*
*2 Frühlingszwiebeln*
*1 Stück Ingwer (2 cm)*
*1 Knoblauchzehe*
*2 Eier*
*2 EL Sojasauce*
*2 EL Rapsöl (ersatzweise Sonnenblumenöl)*
*Salz*

AUSSERDEM
*Spiralschneider*

**1** Kohlrabi schälen und mit dem Spiralschneider zu »Spaghetti« schneiden. Die Frühlingszwiebeln waschen, putzen und schräg in feine Ringe schneiden. Ingwer schälen und fein hacken. Knoblauch schälen und in feine Scheiben hobeln. Eier in einen hohen Rührbecher aufschlagen und mit Ingwer und Sojasauce verquirlen.

**2** Das Öl in einer Pfanne oder einem Wok erhitzen. Den Kohlrabi darin 2 Min. scharf anbraten. Frühlingszwiebeln und Knoblauch 1 Min. mitbraten. Die Eiermischung noch einmal durchrühren, dann über die Kohlrabinudeln geben und alles rasch wenden, bis das Ei nach ca. 1 Min. gestockt ist. Nach Belieben mit Salz oder Sojasauce abschmecken und sofort servieren.

*Für 2 Personen • 20 Min. Zubereitung • Pro Portion ca. 640 kcal, 31 g E, 55 g F, 5 g KH*

# OMELETT MIT TOMATE UND RUCOLA

ITALIENISCH

*4 Eier*
*100 g Sahne*
*1 geh. EL Tomatenmark (25 g)*
*2 Msp. Chilipulver*
*125 g Mozzarella*
*2 EL Olivenöl (ersatzweise das Öl der getrockneten Tomaten verwenden)*
*1 Handvoll Rucola*
*40 g getrocknete Tomaten in Öl*

**1** Eier, Sahne, Tomatenmark und Chilipulver in einen hohen Rührbecher geben und mit einem Schneebesen gründlich verquirlen. Den Mozzarella gut abtropfen lassen und fein zerzupfen.

**2** Je 1 EL Öl in zwei kleinen beschichteten Pfannen erhitzen und darin gleichmäßig verteilen. Die Eiermasse auf beide Pfannen verteilen und mit der Hälfte des Mozzarellas bestreuen. Die Pfannen mit einem Deckel verschließen und die Omeletts bei geringer Hitze in 6–7 Min. stocken lassen.

**3** Inzwischen Rucola waschen und trocken schütteln. Die getrockneten Tomaten abtropfen lassen und in feine Streifen schneiden. Die Omeletts auf je einen Teller gleiten lassen. Tomaten und Rucola auf je eine Omelethälfte geben, mit dem restlichen Mozzarella bestreuen und die andere Hälfte darüberklappen. Heiß servieren.

1

2

3

# SOMMERROLLEN MIT KURKUMA-MAYO

AUS VIETNAM

4

5

6

*Für 2 Personen • 30 Min. Zubereitung • Pro Portion ca. 440 kcal, 15 g E, 33 g F, 21 g KH*

### FÜR DIE FÜLLUNG

*200 g Tofu*
*2 Knoblauchzehen*
*3 EL Sojasauce*
*25 g Baby-Blattspinat*
*75 g Kirschtomaten*
*50 g Champignons*

### FÜR DEN DIP

*65 g Mayonnaise*
*1 EL Zitronensaft*
*½ TL gemahlene Kurkuma*

### FÜR DIE SOMMERROLLEN

*4 Blätter mittelgroßes rundes Reispapier (30 g)*

FÜLLUNG: Den Tofu abtropfen lassen und in 5 mm breite Streifen schneiden. Knoblauch schälen und durch die Presse drücken. Knoblauch und Sojasauce in einer Schüssel mischen, die Tofustreifen zugeben und darin marinieren (Bild 1).

Inzwischen den Spinat waschen und gut trocken schütteln. Die Kirschtomaten ebenfalls waschen, trocken tupfen und in feine Scheiben schneiden. Champignons putzen und in feine Scheiben hobeln oder schneiden (Bild 2).

DIP: Mayonnaise, Zitronensaft und Kurkuma in eine Schüssel geben und gründlich verrühren (Bild 3).

SOMMERROLLEN: Einen tiefen Teller mit lauwarmem Wasser füllen und nacheinander jeweils ein Reispapier komplett darin eintauchen. Dann das Reispapier auf ein Brett legen.

FERTIGSTELLEN: Auf die untere Hälfte des Reispapiers ein paar Champignonscheiben in zwei Reihen leicht überlappend verteilen. Diese mit Spinat, Tomatenscheiben und Tofu belegen (Bild 4). Die Seiten des Reispapiers leicht über die Füllung klappen und die Rolle von unten eng aufrollen (Bild 5). Mit den übrigen Rollen genauso verfahren. Die Sommerrollen mit dem Dip servieren (Bild 6).

*Für 2 Personen • 15 Min. Zubereitung • Pro Portion ca. 545 kcal, 22 g E, 46 g F, 12 g KH*

# GEBRATENER TOFU AUF MÖHREN-ERDNUSS-SALAT

SCHNELL

FÜR DEN TOFU

*250 g Tofu*
*50 g Kokosöl*
*1 TL Currypulver*

FÜR DEN SALAT

*300 g Möhren*
*50 g Erdnusskerne*
*1 Stück Ingwer (2 cm)*
*2 EL Limettensaft*
*Salz*
*½ Bund Koriandergrün*

TOFU: Den Tofu abtropfen lassen und in 5 mm dicke Stifte schneiden. Das Kokosöl in einer Pfanne bei mittlerer Hitze zerlassen. Den Tofu darin 4 Min. pro Seite braten.

SALAT: Inzwischen die Möhren schälen, putzen und in kleine Stücke schneiden. Die Erdnüsse im Blitzhacker fein hacken, dann beiseitestellen. Die Möhren ebenfalls im Blitzhacker klein hacken. Ingwer schälen und fein reiben. Den Limettensaft mit den Möhren und Erdnüssen in eine Schüssel geben. ½ TL Salz und den Ingwer hinzufügen und alles gründlich vermengen. Koriander waschen und trocken schütteln. Die Blättchen abzupfen und klein hacken.

FERTIGSTELLEN: Das Currypulver in die Pfanne geben, gründlich mit dem Tofu vermengen und 1 Min. schwenken. Den Tofu aus der Pfanne nehmen, das Öl aus der Pfanne zum Möhrensalat geben und untermischen. Den Salat mit Koriander bestreuen, mit Tofustreifen belegen und servieren.

*Für 2 Personen • 25 Min. Zubereitung • Pro Portion ca. 870 kcal, 36 g E, 74 g F, 10 g KH*

# TOFU MIT ERDNUSS-KOKOS-DIP

EXOTISCH

*400 g Tofu*
*3 EL Rapsöl (ersatzweise Sonnenblumenöl)*
*80 g gemischter Blattsalat*
*1 Limette*
*100 g Kokosmilch*
*75 g Erdnussmus*
*3 Msp. Chilipulver*
*Salz*
*1 Avocado*

**1** Den Tofu abtropfen lassen und längs in vier Scheiben schneiden. Diese in je vier Dreiecke zerteilen. Je 1 ½ EL Öl in zwei Pfannen erhitzen. Die Tofuecken darin in 7–8 Min. pro Seite knusprig braten.

**2** Inzwischen den Salat waschen und trocken schleudern. Die Limette auspressen. Zwei Drittel des Limettensafts mit 75 g Kokosmilch und dem Erdnussmus glatt rühren. Den Dip mit 2 Msp. Chilipulver und Salz abschmecken.

**3** Den restlichen Limettensaft mit der übrigen Kokosmilch und 1 Msp. Chilipulver zu einem Dressing verrühren, mit Salz abschmecken. Den Salat mit dem Dressing vermengen und auf zwei Tellern anrichten. Die Avocado halbieren, entsteinen, das Fruchtfleisch mit einem Löffel aus den Schalen lösen und in feine Scheiben schneiden. Diese auf den Salat geben. Die Tofuecken mit dem Erdnuss-Kokos-Dip zum Salat servieren.

*Für 2 Personen • 25 Min. Zubereitung • Pro Portion ca. 360 kcal, 20 g E, 24 g F, 19 g KH*

# ERBSEN-TOFU AUF KÜRBIS-TOAST

GLUTENFREI

*200 g Tofu*
*2 EL Rapsöl (ersatzweise Sonnenblumenöl)*
*½ TL gemahlene Kurkuma*
*200 g Butternuss-Kürbis (möglichst das Halsstück verwenden; ersatzweise Hokkaido-Kürbis)*
*100 g Seidentofu*
*75 g TK-Erbsen*
*Salz, Pfeffer*
*1 Bio-Zitrone*
*75 g Frischkäse*
*8 Stängel Petersilie*

**1** Tofu abtropfen lassen und zerbröseln. Öl in einer Pfanne erhitzen. Tofu mit Kurkuma darin 2–3 Min. bei starker Hitze anbraten. Die Temperatur reduzieren und den Tofu weitere 5 Min. braten.

**2** Inzwischen den Kürbishals schälen und in 5 mm dicke Scheiben schneiden. Den Seidentofu klein schneiden und mit den Erbsen in die Pfanne geben. Alles kräftig salzen und pfeffern, gut umrühren und bei kleiner Hitze 5–7 Min. garen, dabei gelegentlich wenden.

**3** Währenddessen die Kürbisscheiben im Toaster auf höchster Stufe mindestens zweimal portionsweise toasten. Die Zitrone heiß waschen, trocknen und die Schale fein abreiben. Den Frischkäse mit Zitronenschale und etwas Pfeffer vermengen. Die Petersilie abbrausen und trocken schütteln. Die Blättchen abzupfen und fein hacken. Kürbisscheiben mit Frischkäse bestreichen. Die Tofumischung daraufgeben und die Toasts mit Petersilie bestreut servieren.

## REGISTER

Vegetarische Rezepte, die im Buch mit einem gekennzeichnet sind, sind hier grün abgesetzt.

**Abkürzungsverzeichnis:**
E = Eiweiß
EL = Esslöffel (gestrichen)
F = Fett
kcal = Kilokalorien
KH = Kohlenhydrate
Msp. = Messerspitze
Pck. = Päckchen
TK- = Tiefkühl-
TL = Teelöffel (gestrichen)
Ø = Durchmesser

**Projektleitung:** Linh Nguyen
**Lektorat:** Christin Geweke
**Korrektorat:** Jutta Friedrich
**Gesamtgestaltung:** independent Medien-Design, München: Horst Moser (Artdirection), Lucie Heselich, Svenja Wamser
**Herstellung:** Renate Hutt
**Satz:** Kösel, Krugzell
**Reproduktion:** Repro Ludwig, Zell am See
**Druck und Bindung:**
Firmengruppe APPL, aprinta druck, Wemding
**Syndication:**
www.seasons.agency
Printed in Germany

1. Auflage 2019
ISBN 978-3-8338-6850-4
www.facebook.com/gu.verlag

GRÄFE UND UNZER
*Ein Unternehmen der*
GANSKE VERLAGSGRUPPE

## DIE AUTOREN

**Sarah Schocke** und **Alexander Dölle** leben mit ihren zwei Kindern in Frankfurt. Die beiden studierten Ökotrophologie und sind Autoren zahlreicher Kochbücher. Ihr Lieblingsthema ist gesunde Ernährung – darunter auch der Trend Low Carb. Sie sind davon überzeugt, dass die Low-Carb-Ernährung stressfrei, genussvoll und abwechslungsreich sein kann.

## DER FOTOGRAF

**Klaus Arras** hegt eine Leidenschaft für gutes Essen und hat ein Händchen dafür, jedes Gericht im besten Licht zu präsentieren. Für dieses Buch wurde er von **Katja Briol** (Foodstyling) tatkräftig unterstützt.

## BILDNACHWEIS

Klaus Arras: S. 06–59 und Stepfotos auf den Klappen
Coco Lang (Foodstyling: Akos Neuberger): S. 01, S. 05 und Stillleben auf den Klappen
Coverfoto: Silvio Knezevic
Autorenfoto: Sarah Kastner

**Umwelthinweis:**
Dieses Buch ist auf PEFC-zertifiziertem Papier aus nachhaltiger Waldwirtschaft gedruckt.

QUALITÄTS G|U GARANTIE

## LIEBE LESERINNEN UND LESER,

wir wollen Ihnen mit diesem Buch Informationen und Anregungen geben, um Ihnen das Leben zu erleichtern oder Sie zu inspirieren, Neues auszuprobieren. Wir achten bei der Erstellung unserer Bücher auf Aktualität und stellen höchste Ansprüche an Inhalt und Gestaltung. Alle Anleitungen und Rezepte werden von unseren Autoren, jeweils Experten auf ihrem Gebiet, gewissenhaft erstellt und von unseren Redakteuren/innen mit größter Sorgfalt ausgewählt und geprüft.

Haben wir Ihre Erwartungen erfüllt? Sind Sie mit diesem Buch und seinen Inhalten zufrieden? Haben Sie weitere Fragen zu diesem Thema? Wir freuen uns auf Ihre Rückmeldung, auf Lob, Kritik und Anregungen, damit wir für Sie immer besser werden können. Und wir freuen uns, wenn Sie diesen Titel weiterempfehlen, in Ihrem Freundeskreis oder online.

Sollten wir Ihre Erwartungen so gar nicht erfüllt haben, tauschen wir Ihnen Ihr Buch jederzeit gegen ein gleichwertiges zum gleichen oder ähnlichen Thema um.

## KONTAKT

GRÄFE UND UNZER VERLAG
Leserservice
Postfach 86 03 13
81630 München
E-Mail: leserservice@graefe-und-unzer.de

Telefon: 0 08 00 / 72 37 33 33*
Telefax: 0 08 00 / 50 12 05 44*
Mo – Do: 9.00 – 17.00 Uhr
Fr: 9.00 – 16.00 Uhr (*gebührenfrei in D,A,CH)

# APPETIT AUF MEHR?

ISBN 978-3-8338-4663-2

ISBN 978-3-8338-6761-3

ISBN 978-3-8338-6461-2

ISBN 978-3-8338-5942-7

ISBN 978-3-8338-5934-2

ISBN 978-3-8338-6630-2

Alle hier vorgestellten Bücher sind auch als eBook erhältlich.

G|U

Mehr von GU auf **www.gu.de** und **facebook.com/gu.verlag**

# DIE »GU KOCHEN PLUS«-APP

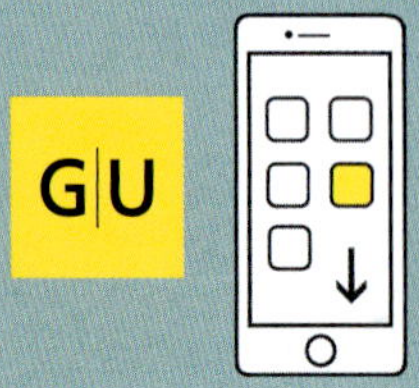


## 1 APP HERUNTERLADEN

Laden Sie die kostenlose »GU Kochen Plus«-App im Apple App Store oder im Google Play Store auf Ihr Smartphone. Starten Sie die App und wählen Sie Ihren Küchenratgeber aus.

## 2 REZEPTBILD SCANNEN

Scannen Sie das gewünschte Rezeptbild mit der Kamera Ihres Smartphones. Klicken Sie im Display die Funktion Ihrer Wahl.

## 3 FUNKTIONEN NUTZEN

Sammeln Sie Ihre Lieblingsrezepte. Speichern und verschicken Sie Ihre Einkaufslisten. Oder nutzen Sie den praktischen Supermarkt-Finder und den Rezept-Planer.